ARD
SPORT-
SCHAU
sky
DE
BRUYNE
FANS
Red Bull
Leipzig

HÄRRINGERS SPOTTSCHAU

HÄRRINGERS SPOTTSCHAU

DAS BESTE AUS DEM  JAHR 2015

stiebner

Umschlaggestaltung und alle Illustrationen Innenteil:
Christoph Härringer, www.spottschau.com

www.facebook.com/spottschau

Bibliografische Information der Deutschen Nationalbibliothek
Die Deutsche Nationalbibliothek verzeichnet diese Publikation in der Deutschen Nationalbibliografie;
detaillierte bibliografische Daten sind im Internet über http://dnb.dnb.de abrufbar.

1. Auflage 2015

Gesamtherstellung: Stiebner, München
Printed in Hungary

ISBN 978-3-8307-1698-3

www.stiebner.com

HÄRRINGERS SPOTTSCHAU

Pep Guardiolas Bayern gehen als haushoher Favorit in die neue Bundesligasaison.

HÄRRINGERS SPOTTSCHAU

Doch wie im Jahr zuvor schnappt Dortmund den Bayern den Supercup weg (und wie im Jahr zuvor bleibt es der einzige BVB-Titel).

HÄRRINGERS SPOTTSCHAU

Neue Wahnsinns-Marke in England: Die Vereine der Premier League geben über eine Milliarde Euro für neue Spieler aus.

HÄRRINGERs SPOTTSCHAU

Mit Neuzugang Xabi Alonso stehen fünf Spanier im Bayern-Kader.

HÄRRINGERS SPOTTSCHAU

Der völlig unbekannte Joe Zinnbauer wird in Hamburg »bis auf Weiteres« zum Cheftrainer ernannt (und debütiert mit einem respektablen 0:0 gegen die Bayern).

HÄRRINGERS SPOTTSCHAU

Auf Schalke steht Jens Keller ständig kurz vor der Entlassung; in Stuttgart erfährt Manager Bobic telefonisch von der seinigen.

HÄRRINGERs SPOTTSCHAU

Achtbare Aufsteiger: Nach vier Spieltagen führt Paderborn (links unten) sensationell die Tabelle an; den Kölnern (Mitte) reichen zwei Törchen für Platz acht.

HÄRRINGERS SPOTTSCHAU

Jetzt hat's Jens Keller doch erwischt, sein Nachfolger auf Schalke wird Ex-Chelsea-Coach Roberto di Matteo.
Beide Klubs zusammen verschlissen in den letzten acht Jahren 20 Trainer.

HÄRRINGERs SPOTTSCHAU

Zoff auch in der vielzitierten heilen Werder-Welt: Während das Team mit Robin Dutt am Tabellenende steht, attackiert Geschäftsführer Fischer öffentlich die Sparpolitik von Aufsichtsrats-Chef Lemke.

HÄRRINGERS SPOTTSCHAU

Während sich Vizemeister Dortmund auf Platz 17 wiederfindet, macht Bayern-Boss Rummenigge eine Ausstiegsklausel im Vertrag von Marco Reus öffentlich.

HÄRRiNGERs SPOTTSCHAU

Es wird enger für die Traditionsvereine: Mit RB Leipzig und dem FC Ingolstadt drängen zwei weitere Konzernklubs in die Bundesliga.

HÄRRINGERS SPOTTSCHAU

Die meisten ehemaligen DDR-Oberligaklubs fristen inzwischen nur noch ein trostloses Dasein.

HÄRRINGERs SPOTTSCHAU

Die FIFA-Ethikkommission entlastet die kommenden WM-Gastgeber vom Vorwurf der Korruption, hält aber den brisanten Bericht von Chefermittler Garcia unter Verschluss.

HÄRRINGERS SPOTTSCHAU

Die ohnehin die Liga dominierenden Bayern geben bekannt, dass die Allianz Arena 16 Jahre früher als geplant abbezahlt worden sei.

HÄRRINGERs SPOTTSCHAU

Obwohl die Stimmung im Verein langsam kippt, stehen die Dortmunder Bosse unverbrüchlich zu Jürgen Klopp.

HÄRRINGERS SPOTTSCHAU

Fast alle Trainer der jüngeren VfB-Geschichte wurden mitten in der Saison als Retter geholt,
Huub Stevens gar zum zweiten Mal im selben Jahr.

Bermuda-Dreieck: Gegen Ende der Hinrunde führen die Nachbarn aus Münster, Bielefeld und Osnabrück die 3. Liga an (nur Bielefeld steigt letzten Endes auf).

Mangelndes Selbstbewusstsein ist offensichtlich nicht das Hauptproblem des frischgebackenen Weltmeisters Christoph Kramer.

HÄRRINGERs SPOTTSCHAU

Das hat den angeschlagenen Borussen gerade noch gefehlt:
Marco Reus wird wegen jahrelangen Fahrens ohne Fahrerlaubnis zu einer hohen Geldstrafe verurteilt.

HÄRRINGERS SPOTTSCHAU

10	SC Paderborn 07 (N)	17	4	7	6	21:26	-5	19
11	1. FC Köln (N)	17	5	4	8	17:23	-6	19
12	1. FSV Mainz 05	17	3	9	5	19:23	-4	18
13	Hertha BSC	17	5	3	9	24:35	-11	18
14	Hamburger SV	17	4	5	8	9:19	-10	17
15	VfB Stuttgart	17	4	5	8	20:32	-12	17
16	Werder Bremen	17	4	5	8	26:39	-13	17
17	**Borussia Dortmund**	**17**	**4**	**3**	**10**	**18:26**	**-8**	**15**
18	**SC Freiburg**	**17**	**2**	**9**	**6**	**17:25**	**-8**	**15**

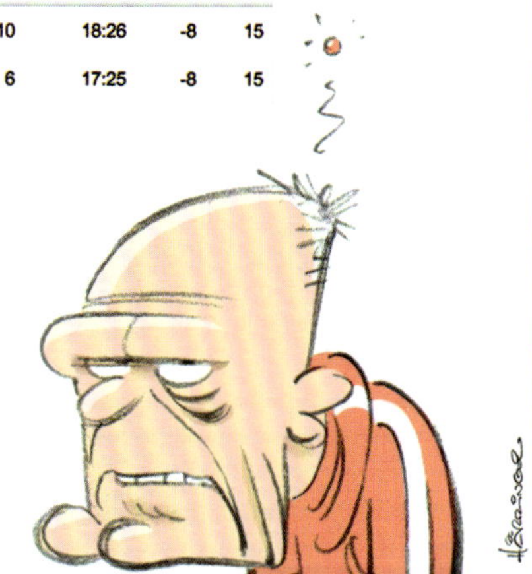

Die wackeren Freiburger überwintern punktgleich mit dem Vizemeister auf dem letzten Tabellenplatz.

HÄRRINGERs SPOTTSCHAU

Das abgelaufene Kalenderjahr war ein geschenktes für die Dortmunder, Hamburger, Brasilianer, Spanier, Uli Hoeneß, die FIFA und die in Bochum beziehungsweise Fulham gefeuerten Peter Neururer und Felix Magath.

Geschwätz von gestern: Robin Dutt wird in Bremen als Trainer entlassen und taucht kurz danach als VfB-Sportdirektor wieder auf.

Schwarzer Tag: am 7. Januar 2015 sterben bei einem islamistischen Terroranschlag auf das Satiremagazin Charlie Hebdo zwölf Menschen.

HÄRRINGERS SPOTTSCHAU

Im Bayern-Trainingslager in Katar wirft Sportdirektor Sammer Robert Lewandowski vor, bei der Weltfußballer-Wahl nicht für Manuel Neuer gestimmt zu haben.

HÄRRINGERs SPOTTSCHAU

Der bislang eher unpopuläre Milliardär Kühne erwirbt die Namensrechte an der HSV-Arena und gibt den Fans ihr heißgeliebtes Volksparkstadion zurück.

HÄRRINGERS SPOTTSCHAU

Undankbare Aufgabe: Zum Rückrundenstart muss Wolfsburg gegen den noch ungeschlagenen Tabellenführer ran …

... und vermöbelt ihn mit 4:1!

HÄRRINGERS SPOTTSCHAU

Während die Hertha (Platz 17) Jos Luhukay durch Trainer-Frischling Pal Dardai ersetzt, hält der Tabellenletzte unbeirrt an Jürgen Klopp fest.

HÄRRINGERs SPOTTSCHAU

Schlechte Zeiten für die alten Kämpen: Ein Drittel der aktuellen Bundesligatrainer wurde aus dem eigenen Nachwuchsbereich rekrutiert.

HÄRRINGERS SPOTTSCHAU

Wolfsburgs Kevin de Bruyne beleidigt einen Balljungen und muss 20.000 Euro Strafe zahlen

NA ALSO: DE BRUYNE ENTSCHULDIGT SICH MIT EINEM SIGNIERTEN TRIKOT!

HÄRRINGERS SPOTTSCHAU

Im Gegensatz zu den Vorjahren kann Dortmund seinen besten Spieler halten: Marco Reus verlängert seinen Vertrag und verdient künftig bis zu 10 Millionen Euro im Jahr.

Die Dortmunder Aubameyang und Reus bejubeln einen Treffer mit zuvor versteckten Batman- und Robin-Masken – Anlass zu einer kleinen Superhelden-Reihe.

HÄRRINGERS SPOTTSCHAU

Die Entscheidung der FIFA, die umstrittene Katar-WM im Winter 2022 durchzuführen, wirbelt sämtliche nationalen Ligen und Spielpläne durcheinander.

Die Mucki-Selfies von Ex-Torwart Tim Wiese
erheitern die Internet-Gemeinde.

HÄRRINGERS SPOTTSCHAU

Auf neue Enthüllungen über systematisches Anabolikadoping in den 70er und 80er Jahren reagiert die Branche mit reflexartigem Abwehrverhalten.

Schlüsselfigur im Dopingskandal war der
Freiburger Mediziner Dr. Klümper

Herthas Änis Ben-Hatira bejubelt ein Tor mit
Spiderman-Maske und löst damit ein Versprechen ein,
das er einem krebskranken Jungen gegeben hatte.

HÄRRINGERs SPOTTSCHAU

Pep Guardiolas Bayern deklassieren ihre Gegner in den nationalen und internationalen Wettbewerben (auch Werder wird mit 0:4 verputzt).

HÄRRINGERS SPOTTSCHAU

Im Champions-League-Achtelfinale ist für Dortmund, Schalke und Leverkusen Schluss – und für die gesamte Premier League.

SPOTTSCHAU SUPERHELDEN / SUPERSCHURKEN
TWO-FACE
BVB

HÄRRINGERs SPOTTSCHAU

Der langjährige Mainzer Torwart Heinz Müller klagt gegen die Befristung seines Vertrages und bekommt in erster Instanz Recht.

Vor dem Bundesligaspiel in Dortmund haben die Bayern 31 Punkte Vorsprung auf den einstigen Rivalen (und nach dem Spiel 34).

Huub Stevens Stuttgarter zieren an insgesamt
16 Spieltagen das Tabellenende.

In Hamburg versucht sich der als Trainer gänzlich unbeleckte Sportdirektor Knäbel an der Gesundung des Dinos (und gibt nach zwei Niederlagen an Bruno Labbadia weiter).

HÄRRINGERS SPOTTSCHAU

Durch das Rauhe zu den Sternen – per aspera ad astra, um mit seinem Werbepartner zu sprechen – führte Jürgen Klopp die Dortmunder in den letzten sieben Jahren. Jetzt kündigt er, den Tränen nahe, seinen Abschied zum Saisonende an.

HÄRRINGERS SPOTTSCHAU

Noch ein Servus, nur weniger harmonisch: Nach einer ungewöhnlichen Verletzungsserie und gegenseitigen Vorwürfen verlässt Wunder-Doc Müller-Wohlfahrt die Bayern im Streit (kurz darauf verletzt sich Holger Badstuber erneut).

Vor dem Pokalhalbfinale gegen Dortmund erwägt
Bayern-Boss Rummenigge, dem scheidenden Gästetrainer
einen Blumenstrauß zu überreichen.

Der hohe Favorit erlebt ein weiteres »Drama dahoam«: Im Elfmeterschießen rutschen Lahm und Alonso aus.

Im zweiten Halbfinale werden Norbert Meiers Bielefelder
vom späteren Pokalsieger Wolfsburg überrollt.

HÄRRINGERS SPOTTSCHAU

Wie im Vorjahr werden die Bayern früh Meister und schwächeln dann in den entscheidenden Champions-League-Spielen. Der Herr im linken Bild war bei der letzten Schalke-Meisterschaft übrigens ein Jahr alt.

HÄRRINGERS SPOTTSCHAU

Nach dem Ausscheiden der Bayern gegen Barcelona werfen Kritiker dem WM-Siegtorschützen Mario Götze vor, in wichtigen Spielen abzutauchen.

Schalke-Manager Heldt will in die Europa League einmarschieren; im Abstiegskampf stellt sich Freiburgs Streich vor seine Spieler, während Stuttgarts Stevens die seinigen als Affen bezeichnet.

HÄRRINGERS SPOTTSCHAU

Hochspannung am letzten Spieltag: Sechs Klubs können noch absteigen, vier treffen in direkten Duellen aufeinander.
Am Ende erwischt's Paderborn und Freiburg; der HSV muss in die Relegation ...

... wo Markus Kauczinskis starke Karlsruher um ein Haar die Uhr angehalten hätten. Nicolai Müllers Tor in der Verlängerung rettet den Dino ein weiteres Mal.

HÄRRINGERS SPOTTSCHAU

Die Trauer über den Abgang der Kleinen hält sich ligaweit in Grenzen. Frankfurts Vorstandschef Bruchhagen (3. v. l.) hatte unlängst erklärt, dass große Vereine wie Stuttgart und der HSV »für das Projekt Bundesliga unverzichtbar« seien.

SPOTTSCHAU SUPERHELDEN / SUPERSCHURKEN

C.M.BURNS

IRDISCHER DECKNAME: MARTIN KIND

HÄRRINGERS SPOTTSCHAU

FIFA-Skandal in Zürich: Kurz nachdem sechs unter Korruptionsverdacht stehende Funktionäre bei einer Razzia in einem Nobelhotel verhaftet werden, lässt sich Sepp Blatter als Präsident wiederwählen.

HÄRRINGERS SPOTTSCHAU

Die Europäer um UEFA-Präsident Platini erwägen kurzzeitig einen Boykott der Wahl, knicken aber letztendlich doch wieder ein.

HÄRRINGERS SPOTTSCHAU

Neue Wendung: Kurz nach der Wiederwahl kündigt Blatter seinen Rücktritt zum Jahresende an; auch wird bekannt, dass das FBI gegen ihn ermittelt. Fußball gab's auch noch: Barça schlägt Juve im Champions-League-Finale mit 3:1.

HÄRRINGERS SPOTTSCHAU

Nach einer enttäuschenden Saison muss Roberto di Matteo gehen, André Breitenreiter soll Schalke wieder flottmachen.

HÄRRINGERS SPOTTSCHAU

In Zürich und München geht's drunter und drüber: Während Sepp Blatter einen Rücktritt vom Rücktritt erwägt, sind bei 1860 die Fronten zwischen Investor Ismaik und dem (inzwischen zurückgetretenen) Vorstand verhärteter als je zuvor.

HÄRRINGERs SPOTTSCHAU

Schwer vermittelbar: Die Bundesligavereine bleiben auf etlichen Profis sitzen,
Schalkes Sam und Santana bestehen in Frankfurt bzw. Köln nicht einmal den Medizintest.

SPOTTSCHAU SUPERHELDEN / SUPERSCHURKEN
SHREK
IRDISCHER DECKNAME: JÖRG SCHMADTKE

HÄRRINGERs SPOTTSCHAU

Liga-Boss Christian Seifert kündigt für die Saison 2017/18 Montagsspieltage und »ein kompakteres Format« für die Sportschau an.

HÄRRINGERS SPOTTSCHAU

Diverse Altstars verlassen ihre Herzensklubs, um die Karriere im Ausland ausklingen zu lassen.

HÄRRINGERs SPOTTSCHAU

Um nicht in die Fänge der amerikanischen Justiz zu geraten, sagt Noch-FIFA-Boss Blatter diverse Dienstreisen ab; bei seinem Freund Putin in Sankt Petersburg hat er wenig zu befürchten.

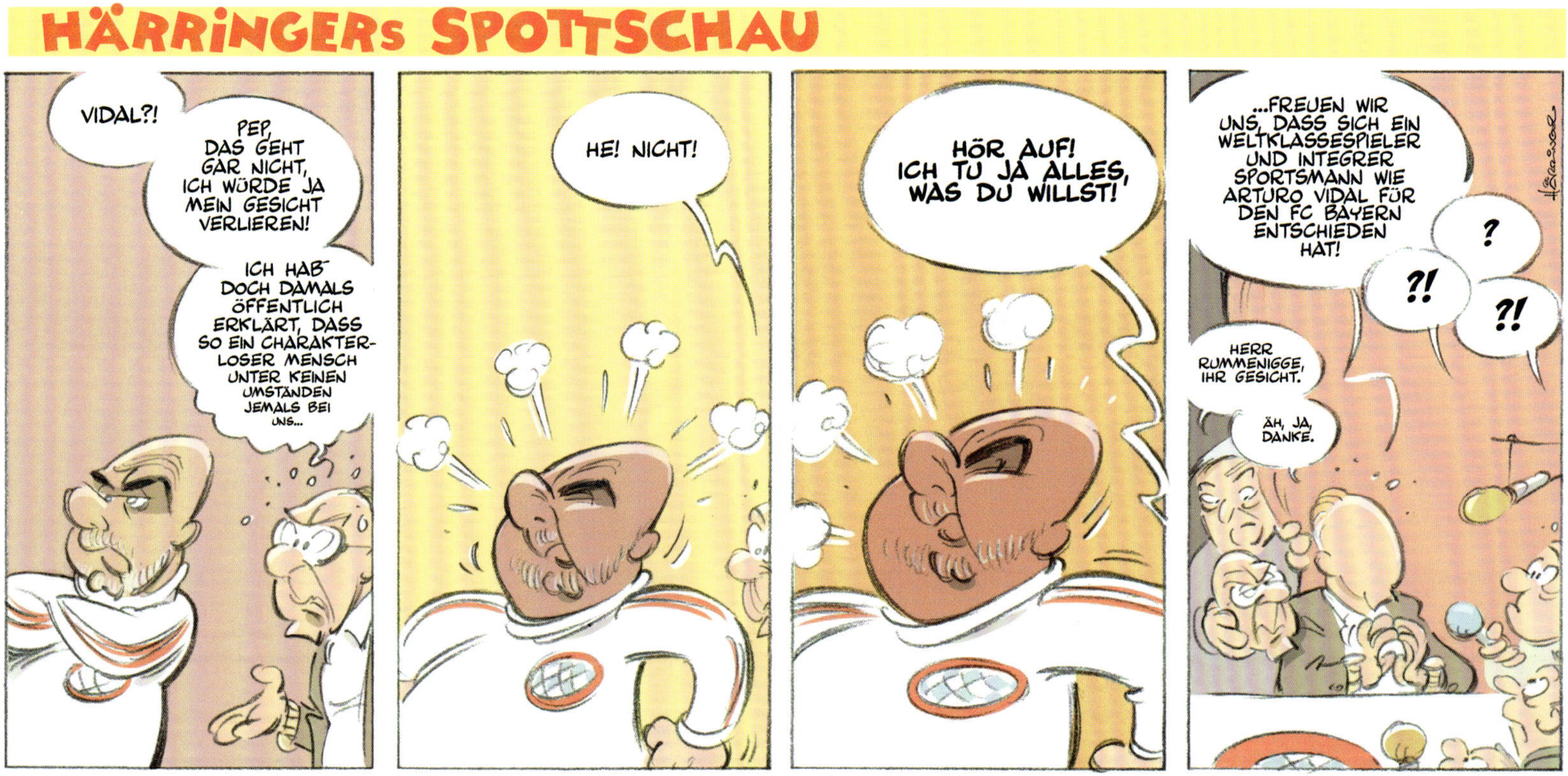

Pep Guardiola bekommt seinen Wunschspieler Arturo Vidal, dem Bayern-Boss Rummenigge nach einem vor Jahren geplatzten Wechsel Charakterlosigkeit bescheinigt hatte.

IN DER
BUNDESLIGA SEIT
KSC
50 51 52
JAHRE

REUS

HL.
BASTIAN

POLIZEI

CAF
AFC

A

KATAR
2022